dix-huit heures 

eau 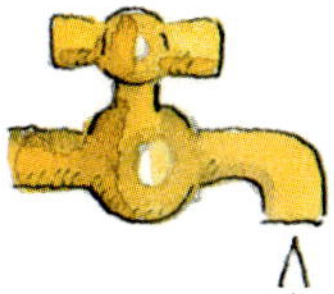

fagots 

farine 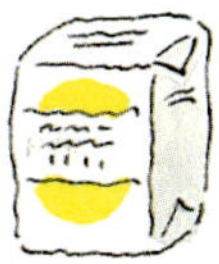

feu 

forêt 

homme 

joues 

loup 

maison 

monde 

mortier 

mur 

navet 

neige 

nuage 

Les Trois Petits Cochons

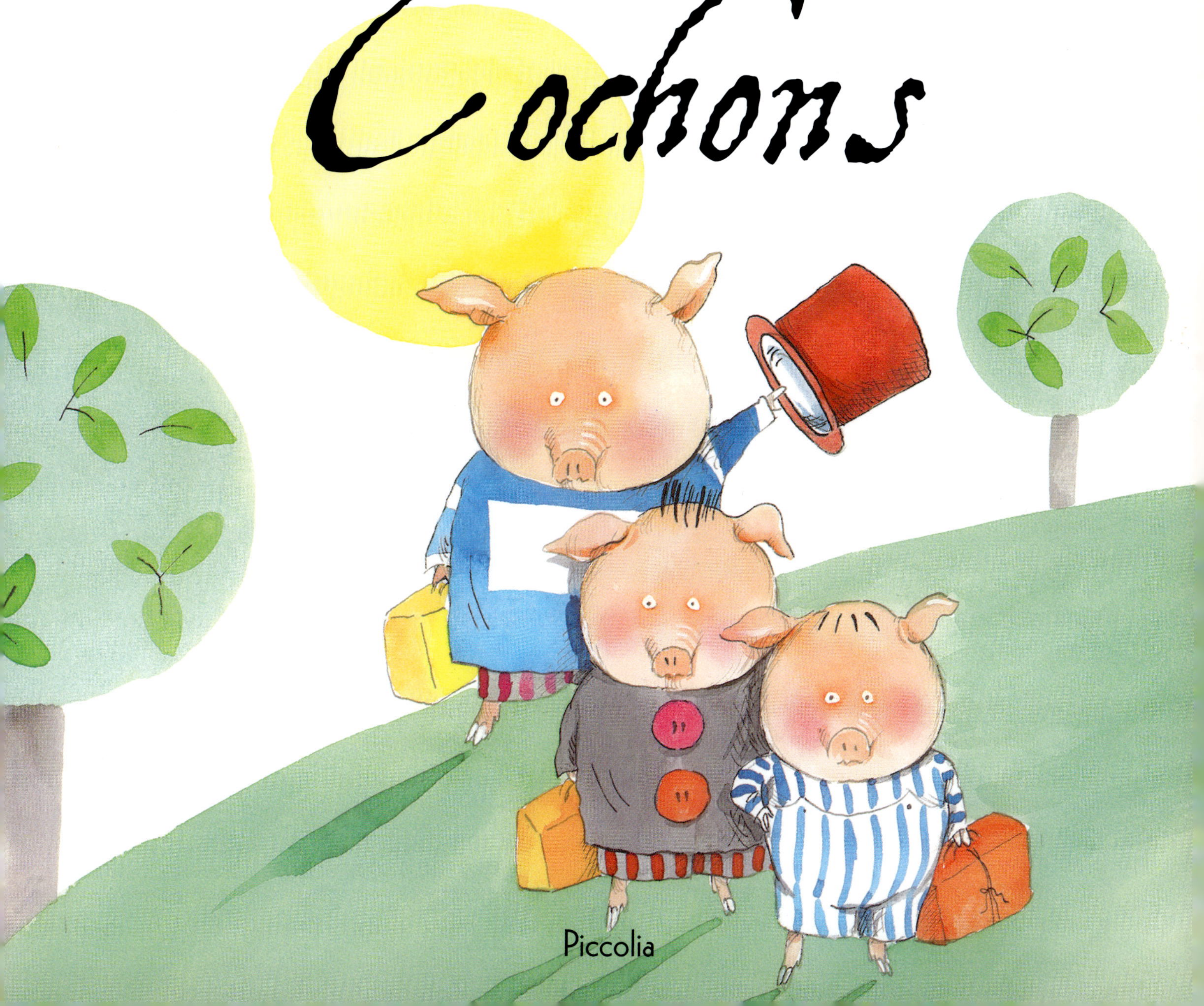

Piccolia

Il était une fois  trois  petits cochons qui étaient frères. Quand ils furent suffisamment grands, maman  truie les réunit et leur dit :

– Vous avez atteint l'âge de parcourir le  monde. Comme vous êtes déjà forts, vous pourrez travailler et construire votre propre  maison. Mais, n'oubliez jamais une chose : le  loup est votre ennemi le plus dangereux. Il est féroce et rapide. S'il vous attrape, il n'hésitera pas à vous dévorer.

Les  trois  petits cochons écoutèrent ce conseil avec beaucoup d'attention puis embrassèrent maman  truie avant de se préparer au départ.

Le jour suivant, les  trois  petits cochons se mirent en  route.

Le  benjamin, c'est-à-dire le plus jeune des trois, demanda à ses frères :

– Que doit-on faire pour gagner de l'argent ?

Le  cadet, c'est-à-dire le deuxième des frères, répondit :

– Nous devons chercher du travail.

Mais l'  aîné intervint :

– Souvenez-vous des conseils de notre mère. En tout premier lieu, nous devons chacun construire notre  maison. Ensuite, nous verrons.

Les deux cochons les plus jeunes décidèrent de suivre les conseils de leur mère et de leur grand frère.

Dans un champ tout proche, ils aperçurent un  paysan qui empilait des  fagots de paille. Le  benjamin s'approcha et lui dit :

– Pourriez-vous me vendre quelques  fagots de paille ? Je les utiliserai pour fabriquer une  chaumière.

Après avoir discuté le prix, le paysan donna au cochon la quantité de paille dont il avait besoin.

– Je reste ici, dit le jeune cochon. Je vais construire une  chaumière.

Tout en lui disant au revoir, l'  aîné prévint son frère que la paille n'était pas, selon lui, un matériau très résistant.

Puis les deux autres cochons poursuivirent leur route.

Le  benjamin entreprit la construction de sa  chaumière avec entrain. Il lia solidement les  fagots de paille entre eux et les empila. Sa petite maison fut rapidement achevée. Satisfait, le petit cochon se dit :

— Eh bien ! Ce n'est pas mal du tout ! Ma  chaumière a fière allure. J'espère qu'elle sera confortable et me protégera assez quand l'hiver viendra.

La brise d'été soulevait doucement les brindilles de paille. Tout était serein alentour. Après ce dur labeur, le  benjamin décida de s'accorder un peu de distraction. Il partit se promener dans la  forêt .

Pendant ce temps, le  cadet et l'  aîné poursuivaient leur chemin. Ils rencontrèrent un  bûcheron qui sciait des  bûches pour en faire des 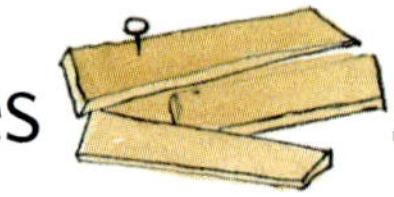 planches.

Le  cadet s'approcha et lui demanda :

– Pourriez-vous me vendre des 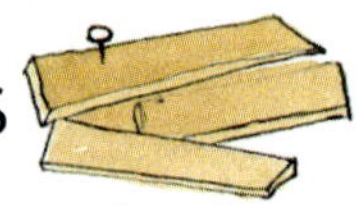 planches pour construire un  chalet ?

Après avoir discuté le prix, le bûcheron donna au cochon les 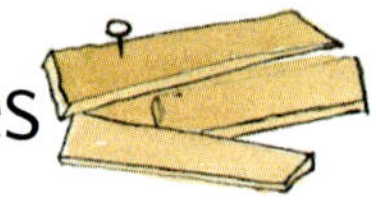 planches dont il avait besoin.

– Le bois n'est pas un matériau très résistant. Je te souhaite cependant bon courage et bonne chance ! dit l'  aîné à son frère.

Les deux cochons se serrèrent dans les bras et l'aîné reprit la  route.

En un clin d'œil, le  cadet cloua les 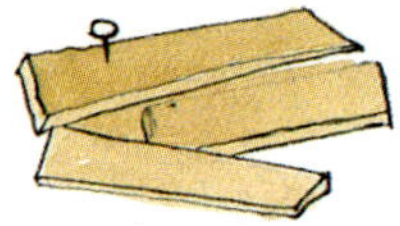 planches et rapidement, le  chalet prit forme. La besogne achevée, le cochon tourna autour de sa nouvelle maison, l'air satisfait. Bien sûr, quelques planches dépassaient ici et là ; mieux valait ne pas trop s'appuyer sur la maison. Mais, pour un débutant, ce n'était pas mal du tout !

– J'améliorerai tout cela un autre jour ! se dit le cochon. J'ai tout le temps avant l'arrivée de l'hiver !

Après ce dur labeur, le  cadet décida de s'accorder un peu de distraction. Il partit se promener dans la  forêt.

L'  aîné marcha longtemps. Sur la route, il observait tout, à la recherche d'un bon endroit pour construire sa  maison. Mais aucun lieu ne lui semblait satisfaisant. Il arriva enfin à l'entrée d'un  village et vit un  homme qui chargeait des  briques dans une  charrette.

Le cochon s'exclama :

– Des briques ! Voilà ce qu'il me faut ! Ce matériau me protègera de la  pluie, de la  neige et du  vent.

L'  aîné acheta donc les briques dont il avait besoin et chercha un endroit sec et ombragé pour y construire sa  maison.

Dans un  champ bien exposé au  soleil et à côté d'un bel  arbre, l'aîné des trois petits cochons commença à construire sa  maison. Il mélangea de l' eau et du  ciment et obtint un bon  mortier qui durcissait en séchant. Il superposa les  briques et les assembla entre elles avec le mélange collant obtenu. Une fois les  murs terminés, il disposa des tuiles pour fabriquer le  toit. La  nuit tombait lorsque le cochon termina de placer la  porte. Il fit alors le tour de la maison, l'air satisfait. Elle paraissait en effet très réussie et bien résistante à toutes les intempéries.

Fatigué, l' aîné rentra chez lui, ferma sa porte à clef et dormit d'un sommeil de plomb.

Le lendemain matin, le  loup sortit de sa  tanière. Guidé par son odorat,

il arriva jusqu'à la  chaumière du  benjamin et cria :

– Bonjour l'ami ! Laisse-moi entrer chez toi et faisons connaissance !

– Non ! répondit le cochon. Je sais bien que tu es le  loup et je ne te laisserai pas entrer.

– Si tu ne me laisses pas entrer, je soufflerai si fort sur ta maison que la paille s'envolera !

Comme le cochon s'entêtait, le loup gonfla ses  joues et au premier souffle, la paille s'envola. Une fois la  chaumière détruite, le loup n'eut plus qu'à dévorer le plus jeune des trois frères.

Le jour suivant, le  loup sortit de sa  tanière. Guidé par son odorat, il arriva jusqu'au  chalet du  cadet et cria :

– Bonjour l'ami ! Laisse-moi entrer chez toi et faisons connaissance !

– Non ! répondit le cochon. Je ne te laisserai pas entrer.

– Si tu ne me laisses pas entrer, je soufflerai si fort sur ta maison que les 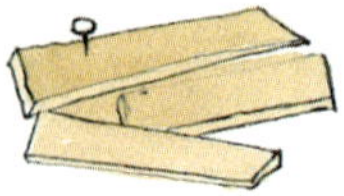 planches mal clouées s'envoleront !

Comme le cochon s'entêtait, le loup gonfla ses  joues et souffla encore et encore et encore. Les planches commencèrent à trembler, puis la maison s'effondra. Une fois le  chalet détruit, le loup n'eut plus qu'à dévorer le  cadet des trois frères.

Le temps passa et, un beau jour, le loup vit une  maison au loin. Il s'approcha et frappa à la  porte. L' aîné des cochons répondit :

– Qui est là ?

– Bonjour l'ami, je suis le  loup ! Laisse-moi entrer chez toi !

Le cochon répondit très calmement :

– Ce sera pour une autre fois, monsieur le  loup ! Je suis très occupé aujourd'hui. C'est dommage, vous tombez mal.

– Très bien ! je vais souffler sur ta  maison et elle ne résistera pas.

Le loup gonfla ses  joues et souffla encore et encore et encore. Mais la maison ne bougea pas. Épuisé et dérouté, le loup s'en alla.

Le lendemain, le loup revint. Il frappa doucement à la  porte.

– Petit cochon, je me sens très seul. J'aimerais tellement être ton ami !

Sais-tu que près d'ici, il y a un  potager plein de succulents  navets ? Je sais que tu les apprécies beaucoup. Viens avec moi, je t'aiderai à en ramasser.

– Merci, monsieur le loup, c'est très gentil de votre part ! Venez demain et nous irons ensemble au  potager.

Cette perspective enchanta le loup, qui décida d'aller se balader dans la  forêt.

Un peu avant le lever du  soleil, le cochon se rendit seul au 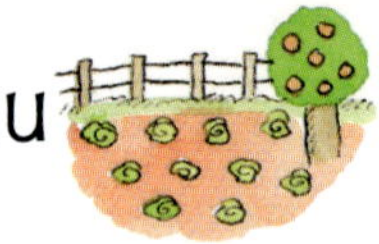 potager. Il remplit un  panier de 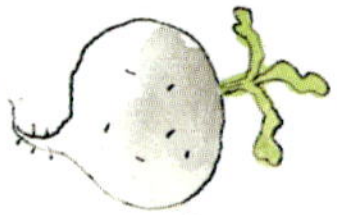 navets et rentra chez lui. Quelques heures plus tard, le loup frappa à la  porte de la  maison.

– Bonjour l'ami ! Es-tu prêt à aller ramasser des 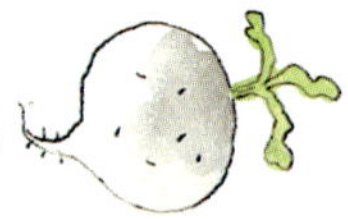 navets ?

– Je suis bien désolé, monsieur le  loup ! Je ne parvenais pas à dormir cette  nuit. Pour m'occuper, je suis donc allé ramasser des navets.

– Ce n'est rien. Si tu veux, nous irons cueillir des  pommes ensemble demain, dit le loup en essayant de maîtriser sa colère.

Le cochon accepta et le  loup sauta de joie.

Cette  nuit -là, le cochon se rendit au verger. Il grimpa sur la  branche la plus haute d'un  pommier et remplit son  panier de  pommes. Le cochon allait descendre de l'arbre lorsqu'il entendit la voix du  loup :

– Bonjour ! Quel lève-tôt tu fais ! Tu es toujours en avance !

– Ces  pommes sont délicieuses, monsieur le  loup. Prenez-en une !

Le cochon jeta une pomme aussi loin qu'il put. Le loup alla la ramasser et quand il revint, l'  aîné des cochons avait déjà sauté du  pommier.

Le  loup eut juste le temps d'apercevoir le cochon qui rentrait dans sa  maison et en verrouillait la 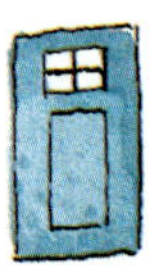 porte.

À midi, le loup revint frapper à la porte de la  maison du cochon.

– Aujourd'hui, c'est la fête du  village. Retrouvons-nous là-bas à  dix-huit heures !

– Quelle bonne idée ! J'adore les fêtes ! Rendez-vous sur la  place !

À  quatorze heures, le cochon se rendit au village. Il acheta un  tonneau de 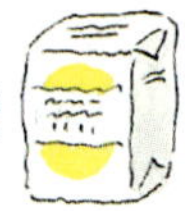 farine qu'il fit rouler pour l'emmener jusque chez lui. Il allait descendre une 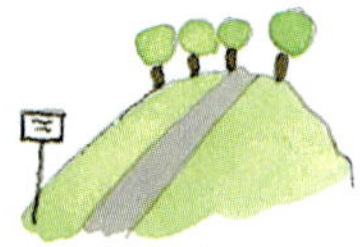 côte lorsqu'il vit le  loup qui montait. Le cochon entra dans le  tonneau et se laissa rouler dans un  nuage blanc de farine. Pour éviter le tonneau, le loup s'enfuit à toute vitesse. Une fois chez lui, le cochon fit chauffer de l'  eau pour prendre un bain et se débarrasser de la farine qui l'enveloppait.

Le  loup revint frapper à la porte de la  maison en briques. Très énervé, il se mit à crier :

– J'en ai assez de tous ces tours ! Ma patience est à bout. Je vais passer par la  cheminée et plus rien ne m'empêchera de te manger !

Alors que le loup grimpait sur le  toit, le cochon rajouta du  bois dans l'âtre et un grand  feu se mit à ronfler. Le loup glissa dans la  cheminée et tomba la  tête la première dans l' eau qui bouillait dans la marmite. Le dernier des trois cochons fut ainsi débarrassé à tout jamais du grand méchant loup. Il vécut paisiblement le reste de sa vie dans sa solide petite  maison en briques.

nuit 

panier 

paysan 

petits cochons 

place 

planches 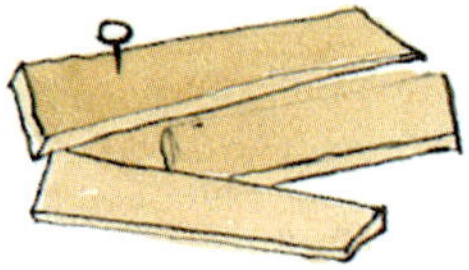

pluie 

pommes 

pommier 

porte 

potager 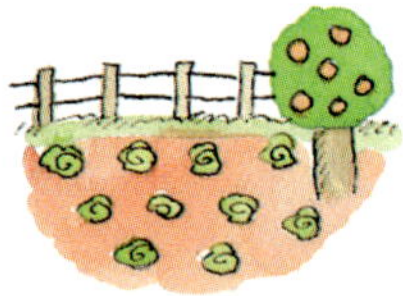

quatorze heures